Feli und Matze im Land der Kinderseelen – Eine Geschichte über den Kreislauf des Lebens

★

Liebe Leserinnen und Leser,

um die vielen Wunder zu entdecken, die das Leben uns täglich schenkt, müssen wir lernen zu fantasieren und zu träumen, uns wieder erinnern an all das, was wir im Land der Kinderseelen gelernt und dort für das Leben mitbekommen haben.

Damit wir das auf unserem Lebensweg nicht vergessen, brauchen wir Geschichten und Bilder wie die von Feli und Matze. Geschichten, die ganz tief in unserer Seele blühen und wachsen wie Früchte auf einem Erdbeerfeld. Wenn wir auf unserer Lebensreise ab und zu – auch noch mit 74 Jahren, vier Monaten und 17 Tagen – täglich eine dieser Seelen-Erdbeeren ganz vorsichtig und achtsam essen, können wir in jedem Lebensalter spüren, wie liebevoll uns Giovanni morgens mit einer seiner Federn weckt und wie gut es sich anfühlt, in gelbem Wackelpudding zu baden.

Dann können wir am Ende unseres irdischen Lebens auch den Regenbogen sehen, der uns in einer kaum vorstellbaren Rutschpartie wieder ins Kinderseelenland befördert. Im Tod leuchten die Farbpunkte, die wir im Kinderseelenland bekommen haben, ganz besonders hell auf. Das ist deshalb so eingerichtet, damit Giovanni, Giuseppe, die kleine Elfe Mimi, die Feen Emma, Vicky und Berta und alle, die dort leben, unsere Rückreise frühzeitig bemerken und eine große Wiedersehensfeier für uns vorbereiten können.

Liebe Kinder – die kleinen, die großen und die ganz großen – Ihr seht: Das Leben und der Tod sind sehr bunt und haben wenig mit dem zu tun, was Erwachsene uns manchmal vermitteln möchten. Damit Euch dieses Wissen nicht verloren geht, ist es wichtig, die Geschichte von Feli und Matze genau zu lesen, vielleicht sogar mehrmals, morgens oder abends, samstags oder mittwochs, an Weihnachten oder Karneval, oder, oder, oder …

Viel Spaß beim Lesen wünscht Euch

Euer

Fritz Roth,

Bergisch Gladbach im Februar 2012

Fritz Roth ist Bestatter, Trauerbegleiter und Gründer der Privaten Trauerakademie Fritz Roth. Er ist Autor zahlreicher Bücher zu den Themen Tod und Trauer. www.puetz-roth.de

Feli

im Land der Kinderseelen

Bilder von Martina Schneider-Hartmann

Text & Idee
von

Isabel
Schneider

Mabuse-Verlag

Dies ist ein Buch für alle

kleinen,

großen,

ganz großen,

glücklichen,

gesunden,

kranken und traurigen Kinder und für alle Erwachsenen,

die vergessen haben, dass auch sie einst aus dem Land der Kinderseelen auf die Erde kamen.

Ich möchte Dir heute von einem guten Freund von mir erzählen. Er heißt Giovanni. Und von einem wunderbaren Land, dem Land der Kinderseelen. Und natürlich von Feli. Aber alles der Reihe nach:

Giovanni lebt nun schon seit ganz vielen – ungefähr genau –

hundertzehnfünfzigzweiundreißigtausendminuseins

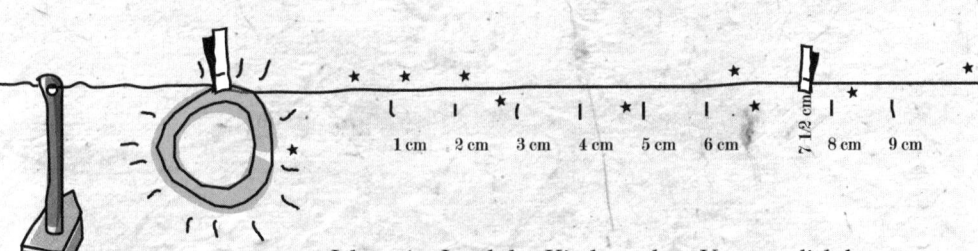

Jahren im Land der Kinderseelen. Ursprünglich hatte er sich damals auf eine Arbeitsstelle als Hausmeister für das Kinderseelenland beworben. Sicherlich kennt Ihr solche Menschen aus Eurer Schule oder Eurem Kindergarten. Die kümmern sich um alles, was am Haus klemmt oder quietscht oder rumpelt. Aber Giovanni ist kein gewöhnlicher Hausmeister, er ist noch viel mehr: Ein begnadeter Nudelkoch, ein Kinderseelenbegleiter, ein Kinderseelentröster und darüber hinaus ist er auch noch ein echter Engel.

Giovanni ist aber nicht nur kein gewöhnlicher Hausmeister, er ist auch kein gewöhnlicher Engel. Er hat nämlich ein ganz großes Herz und einen noch viel größeren und dickeren Bauch. Das kommt von den vielen Nudeln, die er für sein Leben gerne kocht und auch isst. Bevor Giovanni die Stelle als Hausmeister-Engel annahm, lebte er in Italien und besaß dort, gegenüber der Pizzeria seines Bruders Giuseppe (dieser lebt auch im Land der Kinderseelen) ein Nudelgeschäft.

Dort verkaufte er große Nudeln, kleine Nudeln, runde Nudeln, eckige Nudeln, rote Nudeln und grüne Nudeln. Genau genommen verkaufte er – ungefähr genau –

dreifünfzigneunhunderteinseinhalb plus sieben verschiedene Nudelsorten.

Nun fragst Du Dich vielleicht: Was soll all das Gerede von einem Engel, einem
Land der Kinderseelen und so was?
Recht hast Du, das hab ich am Anfang auch nicht verstanden. Bis Giovanni mir
die Geschichte von der Kinderseele Feli erzählte,

und die geht so...

Am

3. März, das Jahr
habe ich vergessen, sollte
es nun endlich so weit sein. Eine Kinderseele wollte das Land der Kinderseelen verlassen und über den Regenbogen zur Erde
rutschen. Dort hatte sich die kleine Seele schon von
oben – das Land der Kinderseelen liegt nämlich über dem
Regenbogen – ein Paar Eltern ausgesucht. Es sollten
genau diese Eltern sein, weil sie sehr nett aussahen und zudem noch ein
schönes Haus mit einem großen Garten besaßen, in dem viel Platz zum Spielen
war. Außerdem hatten diese beiden Menschen noch kein Kind. Und aus rein verwöhn-
technischen Gründen war es bestimmt gut, das erste Kind zu sein und die Eltern ganz
für sich alleine zu haben, dachte sich die kleine Seele. Zudem wollte sie erstens Feli
heißen, das ist die Abkürzung von Felizitas, und zweitens auf jeden Fall ein Mädchen
werden. **Das stand schon mal fest!**

4

Nun war es Giovannis Aufgabe, Feli für das Leben auf der Erde auszurüsten. Denn man kann ja nicht so einfach mal eben ohne Ausrüstung auf die Erde flitzen. Das wäre doof, weil es nämlich so ist: Im Land der Kinderseelen gibt es nur schöne Gefühle! Gefühle wie Waldmeisterbrause im Bauch, wie ein Bad in warmem Vanillepudding, wie ein toller Sommertag oder wie ein schöner Traum. Und weil das auf der Erde nicht immer so ist, da gibt es nämlich manchmal – ganz selten – aber manchmal eben – Gefühle wie nach einem Regentag oder einer Regenwoche, wie nach einem blöden Streit mit dem besten Freund oder nach einer ungerechten Schulnote. Damit solche Gefühle nicht zu sehr weh tun und einen nicht für immer ganz schrecklich traurig machen, bekommen die Kinderseelen am Abreisetag eine Kinderseelenerdausrüstung. Das ist so ähnlich, als wenn Du Dir beim Radfahren einen Helm aufziehst, damit Du gut geschützt bist.

6

Also, am Morgen des 3. März weckte Giovanni die kleine Feli, wie er es jeden Morgen tat. Dazu rupfte er sich eine kleine Feder aus seinem linken Engelsflügel. An dieser Stelle sind die Federn bei Engeln ganz besonders flauschig. Nun begann Giovanni, Feli mit dieser Feder ganz sacht zu streicheln. Es dauerte nur wenige – ungefähr genau –

e i n s k o m m a s i e b e n d r e i f ü n f t e l

Sekunden, bis Feli kichernd wach wurde, da sie sehr kitzelig war. Zum Glück wachsen Engeln die Federn auf den linken Flügeln sofort wieder nach, sonst hätte Giovanni ja längst eine Glatze auf seinem linken Flügel!

Giovanni setzte sich neben Feli und sagte ihr, dass heute ihr Abreise- und großer „Ich gehe auf die Erde"-Vorbereitungstag sei. Gleich nach dem Frühstück und nach der Morgenwäsche (glaubt ja nicht, dass Euch die im Kinderseelenland erspart bleibt) sollte es losgehen.

An dieser Stelle möchte ich Dir noch ein bisschen
mehr über das Land der Kinderseelen erzählen.
Bisher habe ich Dir ja nur erzählt, dass es über
dem Regenbogen liegt und dass dort ein dicker
Engel und eine Kinderseele namens Feli leben.
Doch das ist noch lange nicht alles. Neben Feli
leben dort noch ganz viele andere Kinderseelen.
Und weil Giovanni sich nicht um alle gleichzeitig
kümmern kann, wohnen in diesem Land auch
noch andere lustige Wesen, wie z. B. Elfen und
Feen und Zwerge, Wichtel und noch jede Menge
große, kleine, dicke und dünne Engel. Wobei
kein anderer Engel, bis auf Giuseppe, einen so
dicken Bauch hat wie Giovanni. Die genaue
Einwohnerzahl des Kinderseelenlandes beläuft
sich – ungefähr genau – auf

zigmillionenzehnhundertrilliardenneunundfünzig mal sieben minus nullkommafünf

Einwohner. Es gibt sehr viel zu tun und jeder hat
seine ganz spezielle Aufgabe.

Die kleine Elfe Mimi zum Beispiel, die mit einer Elfenge-
duld dafür sorgt, dass die Morgen- und Abendwäschen
ordentlich durchgeführt werden und nachher alle
Kinderseelen blitzeblank sind. Die Feen Emma, Vicky
und Berta erzählen den Kinderseelen Geschichten, sie
singen und tanzen mit ihnen, hüpfen mit ihnen über
die Wolken, spielen mit ihnen ***Engel ärger
Dich nicht** * und Fußball und sie mischen die
Schutzfarben an, die für die Kinderseelenerdausrüstung benötigt werden.

Wären da noch die Zwerge Konrad, Karl und
Knut, die den ganzen Tag sortieren und
aufräumen und wieder sortieren und wieder
aufräumen. Das machen sie stundenlang.
Müssen sie auch, weil kaum haben sie
aufgeräumt, tauchen die Wichtel
Thorben, Sky und Pete auf und bringen
alles, was Konrad, Karl und Knut
aufgeräumt haben, wieder total
durcheinander. Ein lustiges
Schauspiel, das nun schon
seit Ewigkeiten
so geht.

8

Nun aber schnell wieder zurück zu Feli.

Nachdem sie gefrühstückt hatte – Spaghetti mit Schokocreme, ihr Lieblingsgericht – und unter Mimis Aufsicht die Morgenwäsche überstanden hatte, holte Giovanni sie ab. Er nahm sie an die Hand und gemeinsam gingen sie durch die Wolkenallee über den Spaghettipfad bis in die Regenbogengasse Nr. 7. In der Regenbogengasse Nr. 7 gibt es nur ein Haus, nämlich das Haus Nr. 7. Es ist ein gemütliches, etwas windschiefes Holzhaus. Es steht mitten auf einer großen Obstbaumwiese. Zwischen den Bäumen hängen Hängematten, in denen sich meist ein paar müde Wichtel tummeln, und in den Blumen im Garten schaukeln gemütlich ein paar Elfen. Aber so etwas ist hier ja ganz normal. Neben dem Häuschen steht eine goldene Rutsche. Die berühmte Regenbogenrutsche, auf der Feli später zur Erde rutschen wird.

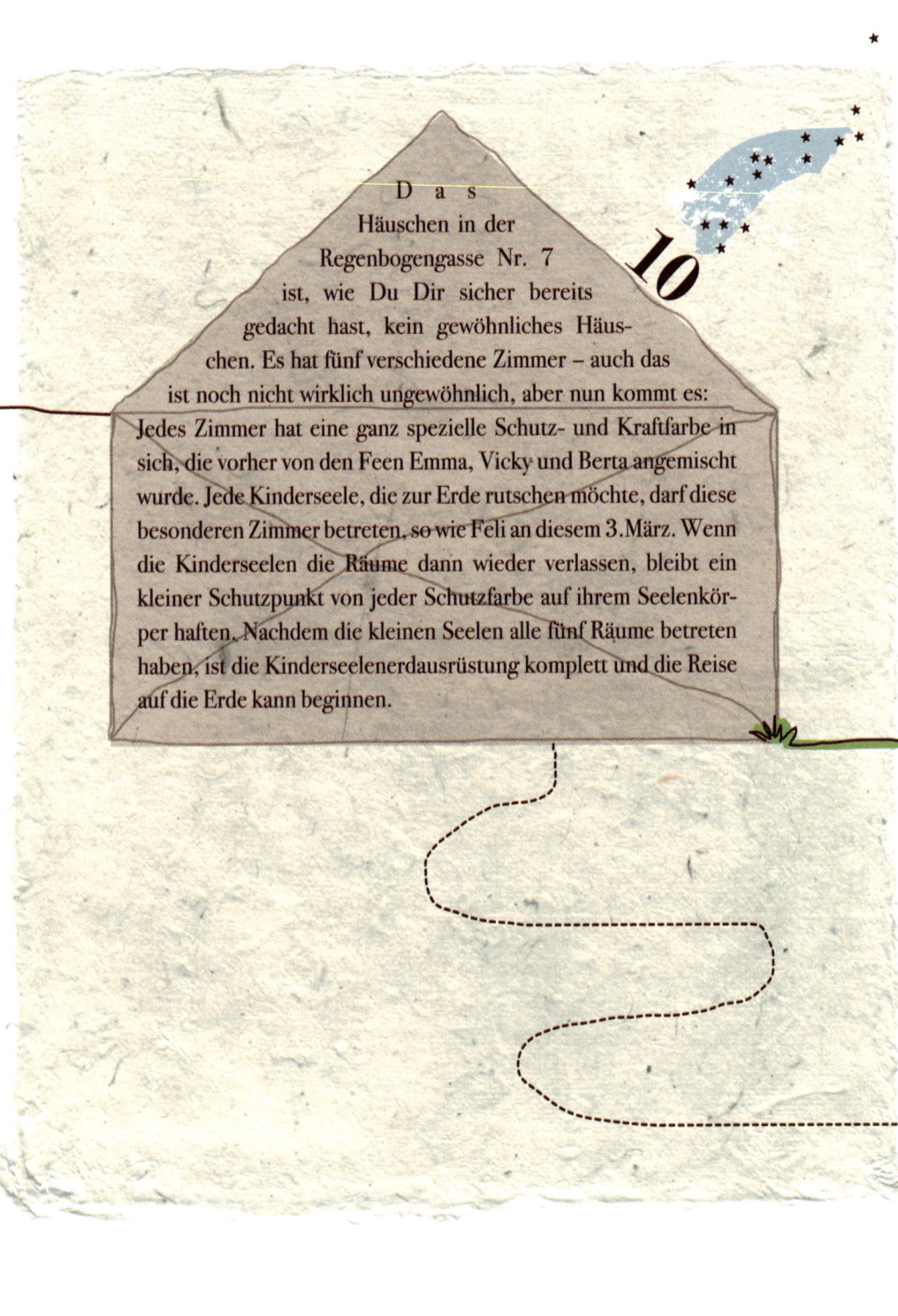

Das
Häuschen in der
Regenbogengasse Nr. 7
ist, wie Du Dir sicher bereits
gedacht hast, kein gewöhnliches Häuschen. Es hat fünf verschiedene Zimmer – auch das
ist noch nicht wirklich ungewöhnlich, aber nun kommt es:
Jedes Zimmer hat eine ganz spezielle Schutz- und Kraftfarbe in
sich, die vorher von den Feen Emma, Vicky und Berta angemischt
wurde. Jede Kinderseele, die zur Erde rutschen möchte, darf diese
besonderen Zimmer betreten, so wie Feli an diesem 3. März. Wenn
die Kinderseelen die Räume dann wieder verlassen, bleibt ein
kleiner Schutzpunkt von jeder Schutzfarbe auf ihrem Seelenkörper haften. Nachdem die kleinen Seelen alle fünf Räume betreten
haben, ist die Kinderseelenerdausrüstung komplett und die Reise
auf die Erde kann beginnen.

10

Feli hatte inzwischen mit Giovanni das Haus betreten und stand schon vor der ersten Zimmertür.

Gelbes Zimmer – **ZIMMER FÜR MUT UND TAPFERKEIT** – war mit GROS-SEN BUCHSTABEN auf die Tür geschrieben. Durch das Schlüsselloch konnte Feli bereits ein strahlend gelbes Licht scheinen sehen. Bevor sie die Tür öffnete, überlegte sie kurz, wofür man denn Mut und Tapferkeit bloß braucht? Ihr fiel keine Antwort ein. Aber sie war sich sicher, dass sie es spätestens auf der Erde erfahren würde. Feli öffnete die Tür und was soll ich Euch sagen: Der ganze Raum strahlte in dem schönsten, gelbsten und wärmsten Licht, das Feli je gesehen hatte. Mitten in diesem gelben Raum stand eine riesengroße Badewanne voll mit gelbem Wackelpudding. Da musste Feli gar nicht lange überlegen, denn sie liebte gelben Wackelpudding. Sie nahm Anlauf und mit einem großen „Platsch" landete sie mitten in dem wackeligen Vergnügen. Nachdem Feli einige Zeit, laut glucksend vor Freude, in der Wanne herumgeplanscht hatte, kletterte sie ganz glücklich und zufrieden wieder heraus. Sie trocknete sich mit einem großen gelben Handtuch ab und kehrte zu Giovanni zurück, der vor der Zimmertür auf sie wartete. Feli war nun wieder ganz sauber – bis auf einen gelben Punkt. Der Punkt für Mut und Tapfer-keit, der jetzt an ihrem Seelenkörper haftete. Dieser war nun ihr eigener und erster Schutzpunkt, den sie mit auf die Erde nehmen würde.

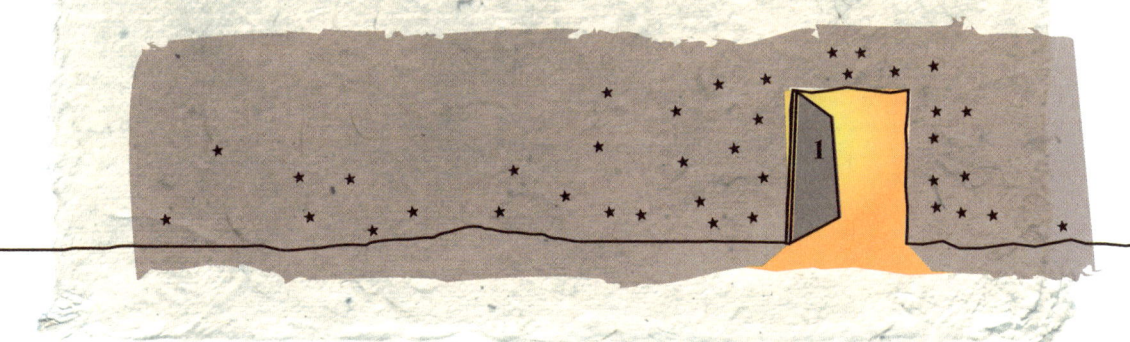

ZIMMER NR. 2

Feli hatte riesengroßen Spaß und konnte es kaum erwarten, die nächste Tür zu öffnen.
So standen die beiden, Sekunden später, bereits vor dem Zimmer Nr. 2.
Auf dieser Zimmertür stand :

ROTES ZIMMER, ZIMMER FÜR BEDINGUNGSLOSE LIEBE.

Bedingungslose Liebe, hat Giovanni mir erklärt, ist Liebe, die einfach so aus dem Bauch kommt, ohne nachzudenken und ohne etwas dafür zu bekommen. Die muss man einfach rauslassen, weil man nämlich sonst platzt. Diese bedingungslose Liebe kannte Feli natürlich, weil es die im Land der Kinderseelen an jeder Ecke gibt. Jeder hat sie und jeder gibt sie weiter und darum ist immer genug für alle da. Damit das auf der Erde endlich auch mal so funktioniert, wird jede Kinderseele noch extra damit ausgerüstet. Durch einen kleinen Spalt in der Tür erspähte Feli ein leuchtend rotes Licht. Sie öffnete die Tür und stellte fest, dass alles in dem Zimmer Nr. 2 rot war.

Die Decke, die Wände, der Boden, einfach alles. In der Mitte des Raumes befand sich ein gemütlicher roter Sessel, in dem die Elfe Rotraud bereits Platz genommen hatte. Kaum dass Feli sich neben ihr niederließ, begann Rotraud ein schönes, rotes Märchen zu erzählen. Es handelte von zwei Rotkehlchen, die sich so lieb hatten, dass sie immerzu flöten mussten. Das ist auch der Grund, warum die Vögel auf der Erde so viel flöten, weil sie sich so lieb haben. Als das Märchen zu Ende war und Feli das Zimmer Nr. 2 verließ, war es ihr immer noch ganz warm und rot ums Herz. Diesmal war es ein roter Punkt, der nun, direkt neben dem gelben, auf Felis Seele strahlte. So konnte Feli auch auf der Erde ganz bedingungslos lieben, wie alle anderen Kinder auch.

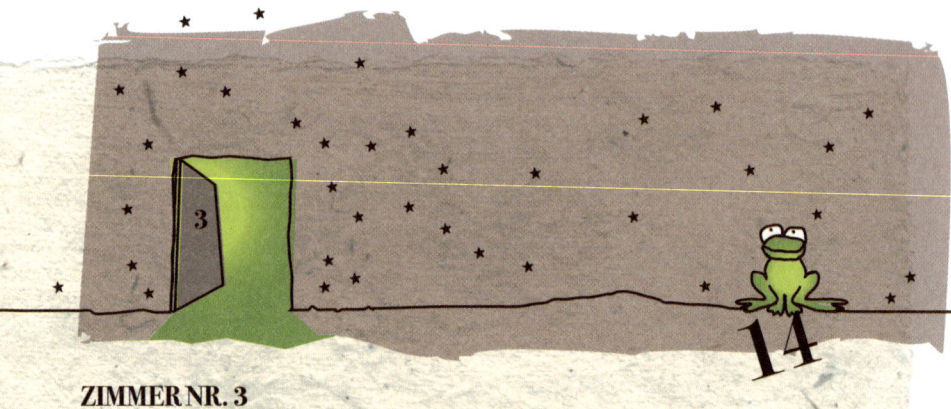

ZIMMER NR. 3

Nach wenigen Schritten standen Giovanni und Feli bereits vor dem Zimmer Nr. 3. Diesmal konnte Feli gar nichts sehen. Kein Fünkchen Licht kam durch die Tür hindurch. Feli war sehr gespannt, was sich hinter dieser Tür wohl verbergen würde. Sie öffnete die Tür und stand in einem ganz und gar hellgrünen Raum. So grün wie der Körper eines dicken Laubfrosches. In der Mitte des Raumes befand sich diesmal ein grünes, großes, kuscheliges Bett. Und da Feli schon ein bisschen müde war, legte sie sich in das Bett und schlief sofort ein. Kurze Zeit später träumte sie einen grünen Traum, in dem ihr ein grüner Zwerg ein Gedicht vortrug.

Gedicht:
Fühlst Du Dich ganz klein und mausig,
sei nicht gleich morzmäßig traurig,
denn die Hilfen – Du wirst schaun,
heißen Hoffnung und Vertraun.

Feli befand sich, wie könnte es auch anders sein, in Zimmer Nr. 3, dem **ZIMMER VON HOFFNUNG UND VERTRAUEN**. Als sie wieder erwachte, hatte sie die große Hoffnung, nun endlich auf die Erde rutschen zu können, und sie vertraute darauf, dass das auch bald der Fall sein würde. Auf ihrem Seelenkörper erschien nun neben dem gelben und dem roten auch noch ein schöner hellgrüner Punkt. Feli wurde immer bunter.

ZIMMER NR. 4

Noch zwei Zimmer durfte Feli mit Giovanni besuchen, bevor sie endlich auf die Erde rutschen konnte. Und so gingen die beiden weiter in die oberste Etage des alten Hauses, zum Zimmer Nr. 4. Dieses hatte allerdings noch eine Besonderheit: Es gab dort nämlich zwei Türen.

Eine Zimmertür 4a für Seelen, die auf der Erde ein Mädchen werden wollten, und eine Zimmertür 4b für Seelen, die sich dafür entschieden hatten, auf der Erde ein Junge zu sein.

Da Feli auf der Erde auf jeden Fall ein Mädchen sein wollte, öffnete sie ganz selbstverständlich die Tür 4a. Himbeerduft. Feli umfing überall Himbeerduft in diesem ganz und gar rosa-pinkfarbenen Raum. Sie musste zugeben, dass diese Farbe ihr Herz schon höher schlagen ließ. Als sie sich umblickte, entdeckte sie in einer Zimmerecke eine kleine pinkfarbene Bühne, auf der ein Stuhl stand. Auf diesem saß eine winzig kleine Fee. Es war die kleine Fee Rosie.

Nach außen erschien sie zwar klein, aber innen drinnen war sie sehr groß und stark. Sie bekam fast immer, was sie wollte, und alle im Land der Kinderseelen hatten ganz viel Respekt und Achtung vor ihr. Rosie war die Fee der inneren Stärke und Feli befand sich in dem **ZIMMER FÜR INNERE STÄRKE**. Auf der Bühne brachte Rosie Feli nun bei, wie man **„nein"** sagt und **„das möchte ich nicht"** und **„Stopp und Halt – hier fange ich an"**.

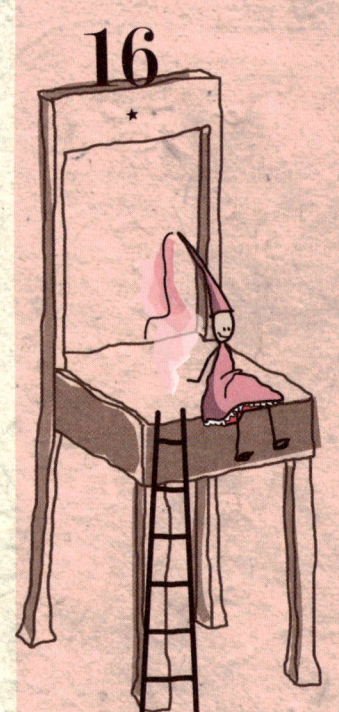

Weiterhin
übten sie, wie
man mit dem Fuß
aufstampft und wie
man den wunderbaren
Laut **pfffffffffffffffffff**
machte. Den kann man
immer einsetzen, wenn
man nicht mehr weiter weiß.
Man macht einfach **pfffffffff**,
dreht sich um und geht. Das
kann einen Gegner schon ganz
schön irritieren. Als Feli und
Rosie fertig waren, fühlte Feli sich
ganz groß und stark – innen drin.

So, nun leuchtete auf Felis Seelenkörper auch noch ein wunderschöner
pinkfarbener Punkt, den sie sehr schick
fand. Feli stellte sich vor Giovanni, trat
mit dem Fuß auf die Erde und sagte ihm
sehr bestimmt, dass sie nun langsam auf die
Erde wolle. Sie schloss den Satz mit einem
sehr lauten **pfffffffffffffff** ab, drehte sich
um und ließ Giovanni einfach stehen. Er
schmunzelte und dachte, dass Rosie ja mal wieder
ganze Arbeit geleistet hatte.

ZIMMER NR. 5

Schließlich folgte Giovanni Feli nun zur letzten Tür, hinter der sich das Zimmer Nr. 5 verbarg. Bevor Feli das Zimmer betrat, wollte sie aber unbedingt noch von Giovanni wissen, wie es in Zimmer Nr. 4b aussieht und was man dort lernen konnte.

Giovanni antwortete ihr, dass sie dies erst auf der Erde, von einem Jungen namens Matze erfahren würde*. Solang müsste sie sich schon noch gedulden. „Matze", dachte Feli, „ein komischer Name." Mehr Zeit hatte sie aber nicht, um sich weiter damit zu beschäftigen, denn schon im nächsten Augenblick betrat Feli das Zimmer Nr. 5. Dieses war ganz weiß und golden und so strahlend, wie Schlagsahne mit Christbaumkugeln im Sonnenschein. Plötzlich bemerkte Feli, dass sie nicht alleine war. **H u n d e r t z w e i d r e i - t a u s e n d** kleine Engel kicherten und sangen und flogen mit einem Mordstempo um Feli herum. Da fiel Feli auf, dass die Engel ganz gezielt um sie kreisten und mit einem fast durchsichtigen Faden eine Hülle um ihren Seelenkörper knüpften. Eine Schutzhülle! Felis Seele bekam eine Schutzhülle, damit das Allerwichtigste, das, was Dich und mich ausmacht, das, was niemals verletzt werden und niemals sterben kann – deine Seele –, ganz gut für das Leben auf der Erde geschützt ist. Diese Schutzhülle nennt man auf der Erde Körper.

Und so bekam Feli in Zimmer Nr. 5 einen Körper.

*Wenn Du schon jetzt wissen möchtest, was man in Zimmer Nr. 4b erleben kann, dreh das Buch einfach um und schau nach!

Als Feli wieder vor Giovanni stand, war dieser ganz gerührt, weil er nämlich fand, dass sie, wie alle seine Seelenkinder, so schön und so einzigartig war. Feli war nun mit allem ausgerüstet, was sie für das Leben auf der Erde brauchte. Sie hatte alle ihre Schutzpunkte, die sie unter ihrem Körper auf ihrer Seele trug – also konnte es jetzt endlich losgehen. **DOCH HALT!**

Eine ganz wichtige Sache fehlte Feli doch noch: Giovanni legte Feli seinen Zeigefinger ganz leicht SENKRECHT

unter die Nase. Auf die Stelle zwischen Nase und Oberlippe. Als er seinen Finger wieder wegnahm, hatte Feli an dieser Stelle eine ganz kleine längliche Vertiefung. Den Fingerabdruck von Giovanni. Alle Kinder, auch die erwachsenen Kinder, haben diesen Fingerabdruck von ihrem ganz persönlichen Engel aus dem Land über dem Regenbogen. Schau Dich ruhig um und fühl einmal selber zwischen Deiner Nase und Deinem Mund. Es ist der Fingerabdruck von Deinem Schutzengel.

18

So, nun war es aber endgültig so weit. Feli musste sich nun beeilen, sonst kam sie noch zu spät auf die Welt. Zu ihrem Abschied waren alle gekommen. Jede Menge Feen, Elfen, Zwerge und Wichtel. Alle drängten sich um das alte Holzhaus, denn von dort aus gingen ja die Regenbogenrutsche und Felis Fahrt auf die Erde los. Die Zwerge holten ihre weiß-rot gepunkteten Taschentücher aus ihren Taschen, denn sie mussten bei jedem Abschied immer ein ganz wenig weinen. Das taten sie aber gerne, weil sie sich dann mit ihren schicken Taschentüchern in einer ohrenbetäubenden Lautstärke die Nase putzen konnten. Und das machte ihnen einen **riesigen** Spaß. Alle anderen warfen Konfetti und ließen Luftballons steigen und freuten sich für Feli, die das Land der Kinderseelen nun verließ. Denn alle wussten, dass sie sie irgendwann, wenn Felis Zeit auf der Erde zu Ende gehen würde, nach einem ganzen langen Leben, wiedersehen würden.

Feli drehte sich noch einmal zu Giovanni um und drückte ihn ganz fest. Er legte sacht einen Flügel um sie, und wie jedes Mal lief auch ihm eine kleine Träne über die Wange – aber nur eine.

„**NUN ABER LOS**", brummte er mit seiner tiefen Stimme.

Feli drehte sich um und schwups rutschte sie laut lachend über die goldene Rutsche und weiter über den Regenbogen auf die Erde, wo sie bereits erwartet wurde.

Das war die Geschichte von Feli im Land der Kinderseelen

Du möchtest wissen, ob diese Geschichte auch wirklich wahr ist?

Natürlich! Fühle nur mal an die Stelle in Deinem Gesicht unter Deiner Nase. Spürst Du dort den Fingerabdruck von Deinem Schutzengel? Na, also!

Und was meinst Du, warum unsere Welt so schön bunt ist und nicht nur schwarzweiß? Das kommt einzig und allein durch die bunten Kraft- und Schutzpunkte, die die Kinder unter ihren Körpern auf ihren Seelen tragen – die machen unsere Welt so schön bunt!

Weißt Du eigentlich, warum Kinder so gerne Spaghetti essen? Na, weil Giovanni die im Land der Kinderseelen immer gekocht hat. Und weil Du sie dort bestimmt auch schon immer so gerne gegessen hast.
Noch Zweifel?

22

Zum Schluss möchte ich Dir noch etwas sehr Wichtiges verraten.

Manchmal ist es auf der Erde so, dass Menschen, die wir sehr gerne haben, Kinder oder auch Erwachsene, sterben. Das tut dann ziemlich weh innen drin und es macht uns sehr traurig. Hier auf der Erde sind die Menschen ganz traurig. Aber im Land der Kinderseelen ist man überhaupt nicht traurig. Denn dort warten Giovanni oder sein Bruder Giuseppe, um die Seele, die beim Sterben wieder frei wird, abzuholen und sie wieder in das Land über dem Regenbogen zu begleiten. Auf der Erde bleibt nur die Hülle von dem Menschen zurück, die von Zimmer Nr. 5, Du weißt schon. Aber die Seelen, die gehen alle zurück – in das Land der Kinderseelen. Und wenn sie dann wieder Lust und all ihre Schutz- und Kraftpunkte aufgefüllt haben, dann rutschen sie erneut über den Regenbogen auf die Erde. So beginnt der Kreislauf des Lebens von Neuem.

So, nun ist aber endgültig Schluss.

Nun schlaf gut, raus mit Dir an die frische Luft oder was auch immer.

Ach ja, beinahe hätte ich es vergessen. Ich soll Dich noch ganz lieb von Giovanni aus dem Land über dem Regenbogen grüßen.

Feli und Matze im Land der Kinderseelen – Eine Geschichte über den Kreislauf des Lebens

★

Bibliografische Information der Deutschen Nationalbibliothek:
Die Deutsche Nationalbibliothek verzeichnet diese Publikation in der
Deutschen Nationalbibliografie; detaillierte bibliografische Angaben sind
im Internet unter http://dnb.d-nb.de abrufbar.

Informationen zu unserem gesamten Programm, unseren AutorInnen
und zum Verlag finden Sie unter: www.mabuse-verlag.de. Wenn Sie
unseren Newsletter zu aktuellen Neuerscheinungen und anderen
Neuigkeiten abonnieren möchten, schicken Sie einfach eine E-Mail mit
dem Vermerk „Newsletter" an:
online@mabuse-verlag.de.

2. Auflage 2020
© 2012 Mabuse-Verlag GmbH
Kasseler Str. 1 a
60486 Frankfurt am Main
Tel.: 069-70 79 96-13
Fax: 069-70 4152
verlag@mabuse-verlag.de
www.mabuse-verlag.de
www.facebook.com/mabuseverlag

Gestaltung: Martina Schneider-Hartmann, Hohenlinden
www.rgb-farben.de

Druck: Printfinder, Riga
ISBN: 978-3-86321-026-7
Printed in Latvia

Isabel Schneider, geb. 1969, staatlich geprüfte Pädagogin, Fachberaterin für Psychotraumatologie, Gestalttherapeutin für Kinder und Jugendliche sowie ausgebildete Bühnen- und Klinikclownin, ist seit 2008 selbstständig mit ihrer Praxis ZiL („Zurück ins Leben") bei Köln. www.zil-beratung.de

Martina Schneider-Hartmann, geb. 1967, Diplom-Modedesignerin/Hochschule der Künste Bremen, arbeitet seit 2003 als selbstständige Grafikdesignerin bei München. www.rgb-farben.de

Matze im Land der Kinderseelen

Text & Idee von

Isabel Schneider

Bilder von Martina Schneider-Hartmann

Mabuse-Verlag

Dies ist ein Buch für alle

kleinen,

großen,

ganz großen,

glücklichen,

gesunden,

kranken und traurigen Kinder und für alle Erwachsenen,

die vergessen haben, dass auch sie einst aus dem Land der Kinderseelen auf die Erde kamen.

Ich möchte Dir heute von einem guten Freund von mir erzählen. Er heißt Giuseppe. Und von einem wunderbaren Land, dem Land der Kinderseelen. Und natürlich von Matze. Aber alles der Reihe nach:

Giuseppe lebt nun schon seit ganz vielen – ungefähr genau –

hundertzehnfünfzigzweiundreißigtausendminuseins

Frisch gestrichen!

Jahren im Land der Kinderseelen. Ursprünglich hatte er sich damals auf eine Arbeitsstelle als Sternmaler für das Kinderseelenland beworben. Sternmaler sind diejenigen, die die Sterne an den Himmel malen. Wenn es abends mal bewölkt ist und Du keine Sterne siehst, dann machen die Sternmaler Urlaub, denn das muss ja auch mal sein. Aber Giuseppe ist kein gewöhnlicher Sternmaler, er ist noch viel mehr: Ein begnadeter Pizzabäcker, ein Kinderseelenbegleiter, ein Kinderseelentröster und darüber hinaus ist er auch noch ein echter Engel.

Giuseppe ist aber nicht nur kein gewöhnlicher Sternmaler, er ist auch kein gewöhnlicher Engel. Er hat nämlich ein ganz großes Herz und einen noch viel größeren und dickeren Bauch. Das kommt von den vielen Pizzas, die er für sein Leben gern backt und auch isst. Bevor Giuseppe die Stelle als Sternmaler-Engel annahm, lebte er in Italien und besaß dort, gegenüber dem Nudelgeschäft seines Bruders Giovanni (dieser lebt auch im Land der Kinderseelen) eine Pizzeria. Hier verkaufte er große Pizzas, kleine Pizzas, runde Pizzas, eckige Pizzas, karierte Pizzas und zuweilen auch verbrannte Pizzas. Genaugenommen verkaufte er – ungefähr genau –

dreifünfzigneunhunderteinseinhalb plus sieben verschiedene Pizzasorten.

Nun fragst Du Dich vielleicht: Was soll all das Gerede von einem Engel, einem Land der Kinderseelen und so was?
Recht hast Du, das hab ich am Anfang auch nicht verstanden. Bis Giuseppe mir die Geschichte von der Kinderseele Matze erzählte,

und die geht so…

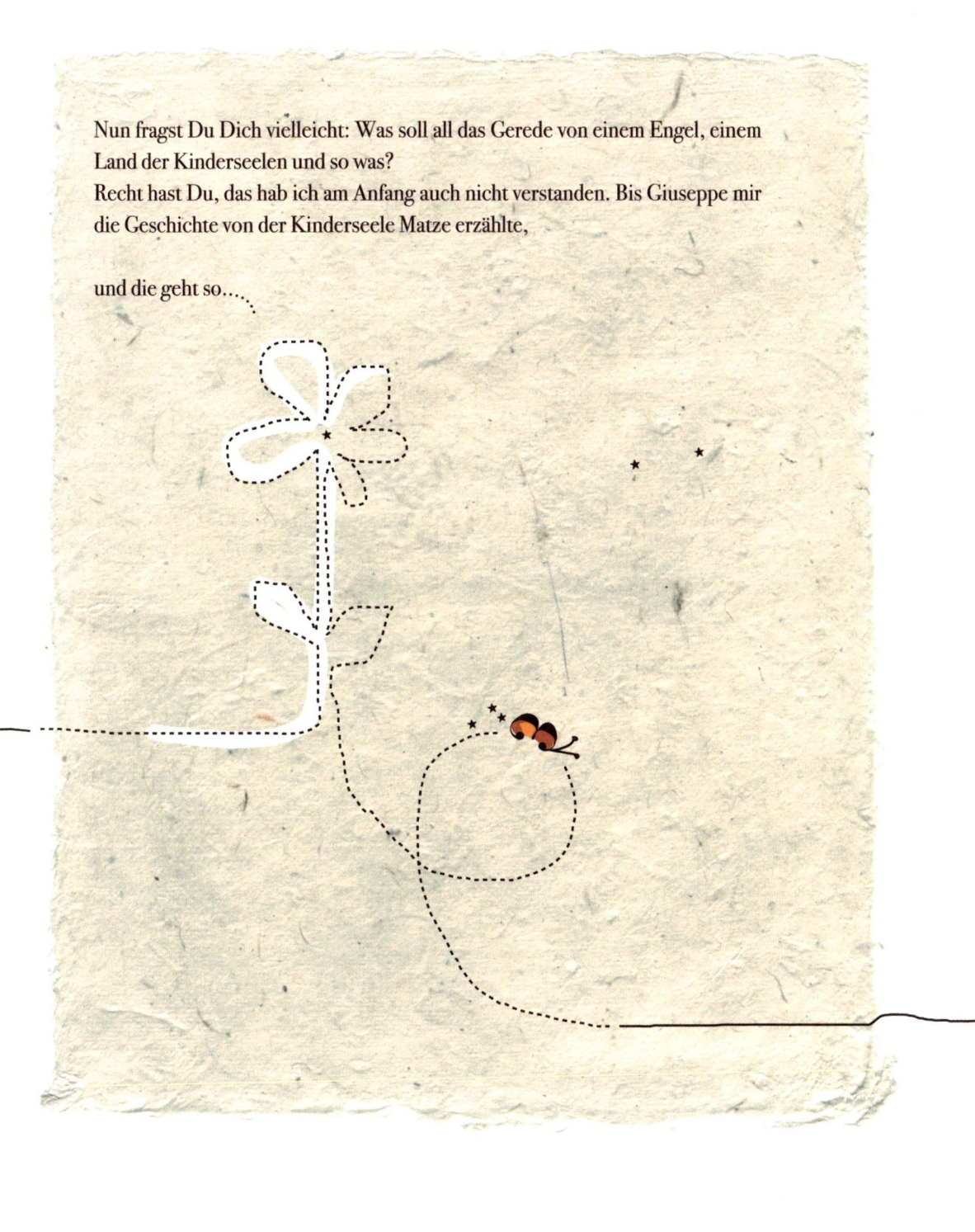

Am
1. März, das Jahr
habe ich vergessen, sollte
es nun endlich so weit sein. Eine
Kinderseele wollte das Land der Kinderseelen verlassen und über den Regenbogen zur Erde
rutschen. Dort hatte sich die kleine Seele schon von
oben – das Land der Kinderseelen liegt nämlich über
dem Regenbogen – ein Paar Eltern ausgesucht. Es sollten
genau diese Eltern sein, weil sie ganz lieb aussahen, aber auch ein bisschen
unglücklich. Und weil sie ein bisschen unglücklich aussahen, hatte sich die
kleine Seele vorgenommen, die beiden glücklich zu machen. Die Kinderseele
wollte Matze heißen. Und außerdem wollte die Kinderseele auf jeden Fall und unter
allen Umständen ein Junge werden. **Das stand schon mal fest!**

Nun war es Giuseppes Aufgabe, Matze für
das Leben auf der Erde auszurüsten. Denn
man kann ja nicht so einfach mal eben
ohne Ausrüstung auf die Erde flitzen. Das
wäre doof, weil es nämlich so ist: Im Land
der Kinderseelen gibt es nur schöne
Gefühle! Gefühle wie Waldmeisterbrause
im Bauch, wie ein Bad in warmem Vanillepudding, wie ein toller Sommertag oder
wie ein schöner Traum. Und weil das auf
der Erde nicht immer so ist, da gibt es
nämlich manchmal – ganz selten – aber
manchmal eben – Gefühle wie nach einem
Regentag oder einer Regenwoche, wie
nach einem blöden Streit mit dem besten
Freund oder nach einer ungerechten
Schulnote. Damit solche Gefühle nicht zu
sehr weh tun und einen nicht für immer
ganz schrecklich traurig machen, bekommen die Kinderseelen am Abreisetag eine
Kinderseelenerdausrüstung. Das ist so
ähnlich, als wenn Du Dir beim Radfahren
einen Helm aufziehst, damit Du gut
geschützt bist.

6

Also, am Morgen des 1. März weckte Giuseppe den kleinen Matze, wie er es jeden Morgen tat. Dazu rupfte er sich eine kleine Feder aus seinem linken Engelsflügel. An dieser Stelle sind die Federn bei Engeln besonders flauschig. Nun begann Giuseppe, Matze mit dieser Feder ganz sacht zu streicheln. Es dauerte nur wenige – ungefähr genau –

e i n s k o m m a s i e b e n d r e i f ü n f t e l

Sekunden, bis Matze kichernd wach wurde, da er sehr kitzelig war. Zum Glück wachsen Engeln die Federn am linken Flügel sofort wieder nach, sonst hätte Giuseppe ja längst eine Glatze auf seinem linken Flügel.

Giuseppe setzte sich neben Matze und sagte ihm, dass heute sein Abreise- und großer „Ich gehe auf die Erde"-Vorbereitungstag sei. Gleich nach dem Frühstück und nach der Morgenwäsche (glaubt ja nicht, dass Euch die im Kinderseelenland erspart bleibt) sollte es losgehen.

An dieser Stelle möchte ich Dir noch ein bisschen mehr über das Land der Kinderseelen erzählen. Bisher habe ich Dir ja nur erzählt, dass es über dem Regenbogen liegt und dass dort ein dicker Engel und eine Kinderseele namens Matze leben. Doch das ist ja noch lange nicht alles. Neben Matze leben dort noch ganz viele andere Kinderseelen. Und weil Giuseppe sich nicht um alle gleichzeitig kümmern kann, wohnen in diesem Land noch andere lustige Wesen, wie z. B. Elfen, Feen, Zwerge und Wichtel und noch jede Menge große und kleine, dicke und dünne Engel. Wobei kein anderer Engel, bis auf Giovanni, einen so dicken Bauch hat wie Giuseppe. Die genaue Einwohnerzahl des Kinderseelenlandes beläuft sich – ungefähr genau – auf

zigmillionenzehnhundertrilliardenneunundfünzig mal sieben minus nullkommafünf

Einwohner. Es gibt sehr viel zu tun und jeder hat seine ganz spezielle Aufgabe.

Die kleine Elfe Mimi zum Beispiel, die mit einer Elfenge-
duld dafür sorgt, dass die Morgen- und Abendwäschen
ordentlich durchgeführt werden und nachher alle
Kinderseelen blitzeblank sind. Die Feen Emma, Vicky
und Berta erzählen den Kinderseelen Geschichten, sie
singen und tanzen mit ihnen, hüpfen mit ihnen über
die Wolken, spielen mit ihnen *Engel ärger
Dich nicht* und Fußball und sie mischen die
Schutzfarben an, die für die Kinderseelenerdausrüstung benötigt werden.

Wären da noch die Zwerge Konrad, Karl und
Knut, die den ganzen Tag sortieren und
aufräumen und wieder sortieren und wieder
aufräumen. Das machen sie stundenlang.
Müssen sie auch, weil kaum haben sie
aufgeräumt, tauchen die Wichtel
Thorben, Sky und Pete auf und bringen
alles, was Konrad, Karl und Knut
aufgeräumt haben, wieder total
durcheinander. Ein lustiges
Schauspiel, das nun schon
seit Ewigkeiten
so geht.

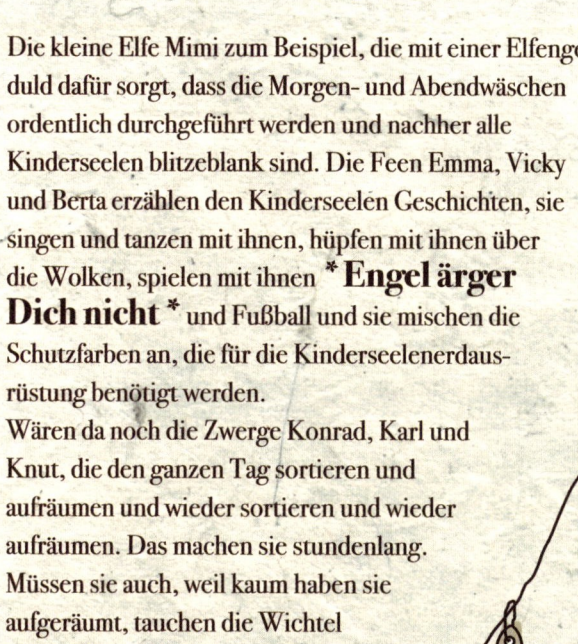

Nun aber schnell wieder zurück zu Matze.

Nachdem er gefrühstückt hatte – Pizza mit Schokocreme, sein Lieblingsgericht – und unter Mimis Aufsicht die Morgenwäsche überstanden hatte, holte Giuseppe ihn ab. Er nahm ihn an die Hand und gemeinsam gingen sie durch die Wolkenallee über den Pizzapfad bis in die Regenbogengasse Nr. 7. In der Regenbogengasse Nr. 7 gibt es nur ein Haus, nämlich das Haus Nr. 7. Es ist ein gemütliches, etwas windschiefes Holzhaus. Das Haus steht mitten auf einer großen Obstbaumwiese. Zwischen den Bäumen hängen Hängematten, in denen sich meist ein paar müde Wichtel tummeln, und in den Blumen im Garten schaukeln gemütlich ein paar Elfen. Aber so etwas ist hier ja ganz normal. Neben dem Häuschen steht eine goldene Rutsche. Die berühmte Regenbogenrutsche, auf der Matze später zur Erde rutschen wird.

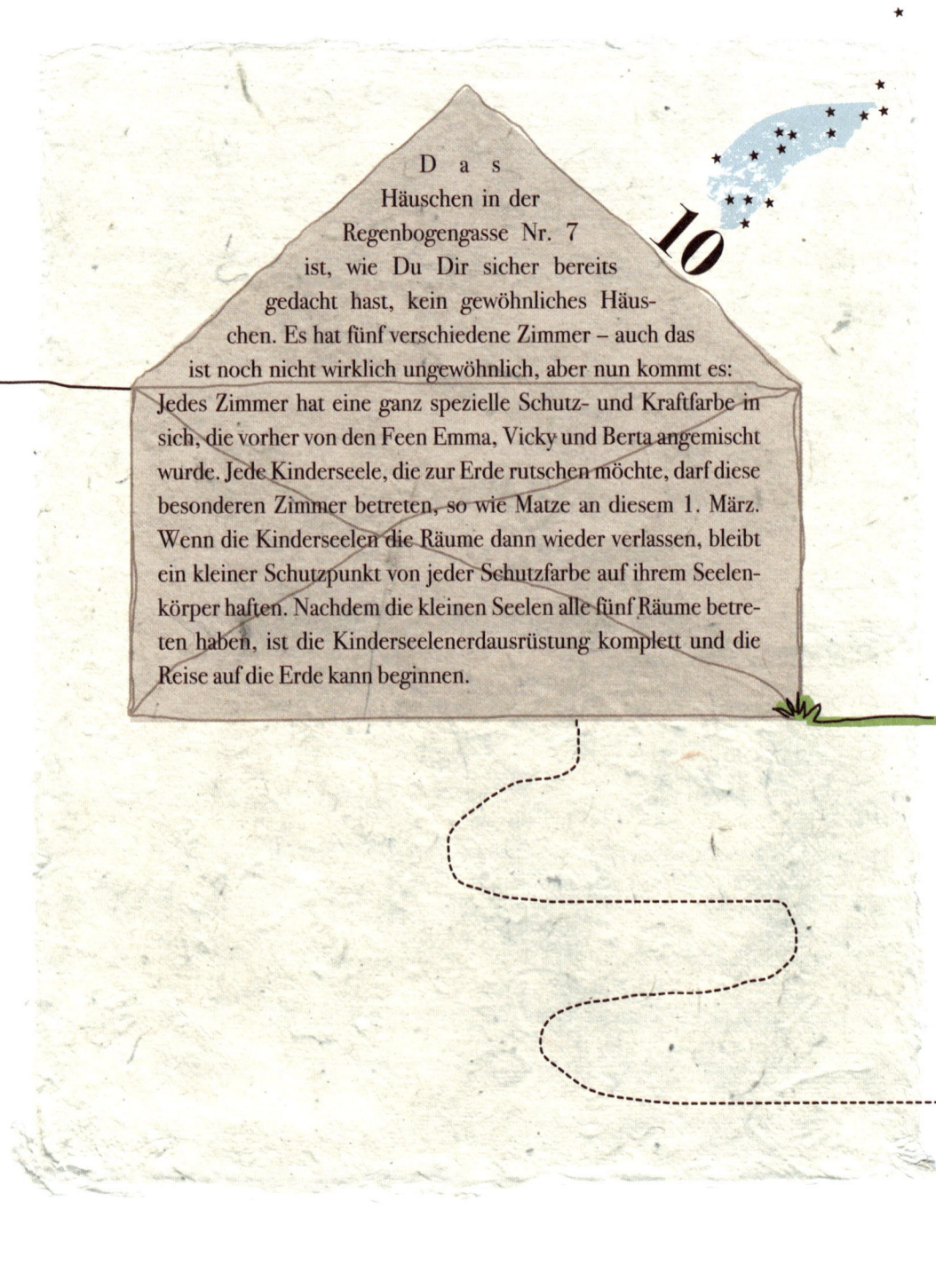

Das
Häuschen in der
Regenbogengasse Nr. 7
ist, wie Du Dir sicher bereits
gedacht hast, kein gewöhnliches Häuschen. Es hat fünf verschiedene Zimmer – auch das
ist noch nicht wirklich ungewöhnlich, aber nun kommt es:
Jedes Zimmer hat eine ganz spezielle Schutz- und Kraftfarbe in
sich, die vorher von den Feen Emma, Vicky und Berta angemischt
wurde. Jede Kinderseele, die zur Erde rutschen möchte, darf diese
besonderen Zimmer betreten, so wie Matze an diesem 1. März.
Wenn die Kinderseelen die Räume dann wieder verlassen, bleibt
ein kleiner Schutzpunkt von jeder Schutzfarbe auf ihrem Seelenkörper haften. Nachdem die kleinen Seelen alle fünf Räume betreten haben, ist die Kinderseelenerdausrüstung komplett und die
Reise auf die Erde kann beginnen.

11

Matze hatte inzwischen mit Giuseppe das Haus betreten und stand schon vor der ersten Zimmertür.

Gelbes Zimmer – **ZIMMER FÜR MUT UND TAPFERKEIT** – war mit GROS-SEN BUCHSTABEN auf die Tür geschrieben. Durch das Schlüsselloch konnte Matze bereits ein strahlend gelbes Licht scheinen sehen. Bevor er die Tür öffnete, überlegte er kurz, wofür man denn Mut und Tapferkeit bloß braucht? Im fiel keine Antwort ein. Aber er war sich sicher, dass er es spätestens auf der Erde erfahren würde. Matze öffnete die Tür und was soll ich Euch sagen: Der ganze Raum strahlte in dem schönsten, gelbsten und wärmsten Licht, was Matze jemals gesehen hatte. Mitten in diesem gelben Raum stand eine riesengroße Badewanne voll mit gelbem Wackelpudding. Da musste Matze gar nicht lange überlegen, denn er liebte gelben Wackelpudding. Er nahm Anlauf und mit einem großen „Platsch" landete er mitten in dem wackeligen Vergnügen. Nachdem Matze einige Zeit laut glucksend vor Freude in der Wanne rumgeplanscht hatte, kletterte er ganz glücklich und zufrieden wieder heraus. Er trocknete sich mit einem großen gelben Handtuch ab und kehrte zu Giuseppe zurück, der vor der Zimmertür auf ihn wartete. Matze war nun wieder ganz sauber – bis auf einen gelben Punkt. Der Punkt für Mut und Tapferkeit, der jetzt an seinem Seelenkörper haftete. Dieser war nun sein eigener und erster Schutzpunkt, den er mit auf die Erde nehmen würde.

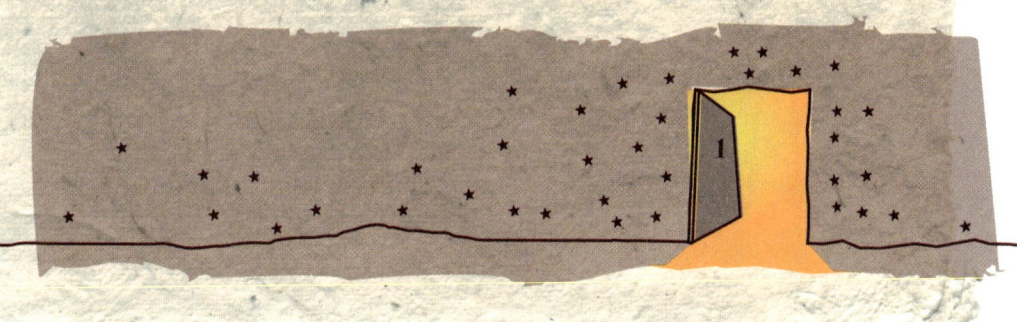

ZIMMER NR. 2

Matze hatte riesengroßen Spaß und konnte es kaum erwarten, die nächste Tür zu öffnen.

So standen die beiden, Sekunden später, bereits vor dem Zimmer Nr. 2.

Auf dieser Zimmertür stand :

ROTES ZIMMER, ZIMMER FÜR BEDINGUNGSLOSE LIEBE.

Bedingungslose Liebe, hat Giuseppe mir erklärt, ist Liebe, die einfach so aus dem Bauch kommt, ohne nachzudenken, ohne etwas dafür zu bekommen. Die muss man einfach rauslassen, weil man nämlich sonst platzt. Diese bedingungslose Liebe kannte Matze natürlich, weil es die im Land der Kinderseelen an jeder Ecke gibt. Jeder hat sie und jeder gibt sie weiter und darum ist immer genug für alle da. Damit das auf der Erde auch endlich mal so funktioniert, wird jede Kinderseele noch extra damit ausgerüstet. Durch einen kleinen Spalt in der Tür erspähte Matze ein leuchtend rotes Licht. Er öffnete die Tür und stellte fest, dass alles in dem Zimmer Nr. 2 rot war.

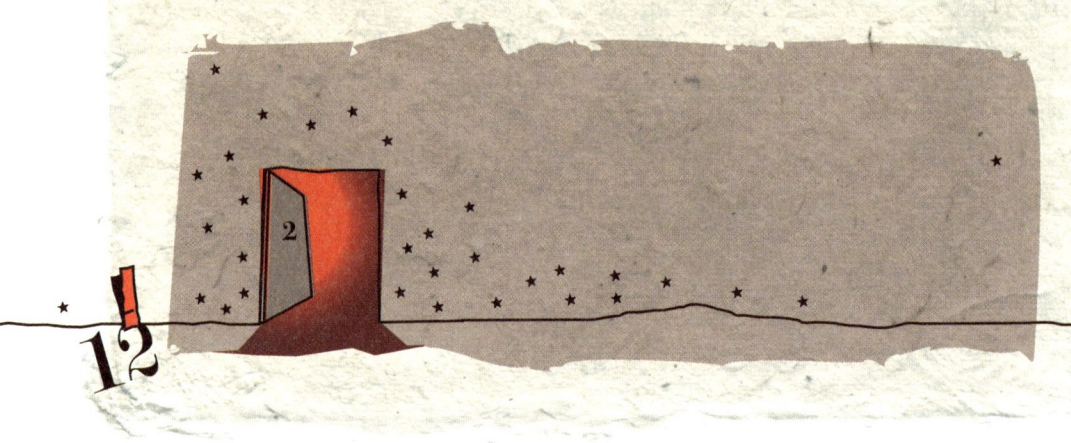

Die Decke, die Wände, der Boden, einfach alles. In der Mitte des Raumes befand sich ein gemütlicher roter Sessel, in dem bereits die Elfe Rotraud Platz genommen hatte. Kaum dass Matze sich neben ihr niederließ, begann Rotraud ein schönes, rotes Märchen zu erzählen. Es handelte von zwei Rotkehlchen, die sich so lieb hatten, dass sie immerzu flöten mussten. Das ist auch der Grund, warum die Vögel auf der Erde so viel flöten, weil sie sich so lieb haben. Als das Märchen zu Ende war und Matze das Zimmer Nr. 2 verließ, war es ihm immer noch ganz warm und rot ums Herz. Diesmal war es ein roter Punkt, der nun, direkt neben dem gelben, auf Matzes Seele strahlte. So konnte Matze auch auf der Erde ganz bedingungslos lieben, wie alle anderen Kinder auch.

ZIMMER NR. 3

Nach wenigen Schritten standen Giuseppe und Matze bereits vor dem Zimmer Nr. 3. Diesmal konnte Matze gar nichts sehen. Kein Fünkchen Licht kam durch die Tür hindurch. Matze war sehr gespannt, was sich hinter dieser Tür wohl verbergen würde. Er öffnete die Tür und stand in einem ganz und gar hellgrünen Raum. So grün wie der Rasen eines Fußballfeldes vor einer Weltmeisterschaft. In der Mitte des Raumes befand sich diesmal ein grünes, großes, kuscheliges Bett. Und da Matze schon ein bisschen müde war, legte er sich in das Bett und schlief sofort ein. Kurze Zeit später träumte er einen grünen Traum, in dem ihm ein grüner Zwerg ein Gedicht von Hoffnung und Vertrauen vortrug.

Gedicht:
Fühlst Du Dich ganz klein und mausig,
sei nicht gleich morzmäßig traurig,
denn die Hilfen – Du wirst schaun,
heißen Hoffnung und Vertraun.

Matze befand sich, wie könnte es auch anders sein, in Zimmer Nr. 3, dem **ZIMMER VON HOFFNUNG UND VERTRAUEN**. Als er wieder erwachte, hatte er die Hoffnung, nun endlich bald auf die Erde rutschen zu können, und vertraute darauf, dass das auch bald der Fall sein würde. Auf seinem Seelenkörper erschien nun neben dem gelben und dem roten auch noch ein schöner hellgrüner Punkt. Matze wurde immer bunter.

ZIMMER NR. 4

Noch zwei Zimmer durfte Matze mit Giuseppe besuchen, bevor er endlich auf die Erde rutschen konnte. Und so gingen die beiden weiter in die oberste Etage des alten Hauses, zum Zimmer Nr. 4. Dieses hatte allerdings noch eine Besonderheit: Es gab dort nämlich zwei Türen. Eine Zimmertür 4a für Seelen, die auf der Erde ein Mädchen werden wollten, und eine Zimmertür 4b für Seelen, die sich dafür entschieden hatten, auf der Erde ein Junge zu werden. Da Matze auf der Erde auf jeden Fall ein Junge sein wollte, öffnete er die Zimmertür 4b und betrat einen ganz und gar blauen Raum. Matze musste zugeben, dass ihm diese Farbe sehr gut gefiel. Als er sich umblickte, entdeckte er, in einer Zimmerecke eine kleine blaue Bühne, auf der ein Stuhl stand. Auf diesem Stuhl saß ein sehr kleiner, blauer Zwerg. Es war der Zwerg Blix. Nach außen war er ganz klein und etwas zerknittert, aber nach innen war er sehr groß und stark. Er bekam fast immer, was er wollte, und alle im Land der Kinderseelen hatten ganz viel Respekt und Achtung vor ihm. Blix war der Zwerg der inneren Stärke und Matze befand sich in dem **ZIMMER FÜR INNERE STÄRKE**. Auf der Bühne brachte Blix Matze nun bei, wie man „nein" sagt und **„das möchte ich nicht"** und **„Stopp und Halt – hier fange ich an"**.

Weiterhin
übten sie, wie
man in einer
betont lässigen
Körperhaltung einen
bestimmten Satz sagt,
nämlich: Mädchen sind
blöd! Blix war der Meinung,
dass dieser Satz in jedem Fall
ein wichtiger Bestandteil der
Jungenseelenerdausrüstung sei.
Als die beiden fertig waren, fühlte
Matze sich ganz groß und stark-
innen drin.

So, nun leuchtete auf Matzes Seelenkörper auch noch ein wunderschöner
blauer Punkt, den er sehr cool fand.
Matze stellte sich, in einer betont
lässigen Haltung, vor Giuseppe und
fragte ihn, ob er sich schon jetzt aussuchen
könnte auf der Erde bitte keine Schwester
zu bekommen, weil Mädchen manchmal echt
blöd seien. Giuseppe schmunzelte und dachte,
dass Blix ja mal wieder ganze Arbeit geleistet
hatte. Die Gewissheit, dass dieser „Mädchen-sind-
blöd-Satz", wenn überhaupt, dann nur für eine kurze
Lebensphase Gültigkeit hat, beruhigte Giuseppe.

ZIMMER NR. 5

Schließlich folgte er Matze zur letzten Tür, hinter der sich das Zimmer Nr. 5 verbarg. Bevor Matze das Zimmer betrat, wollte er aber unbedingt noch von Giuseppe wissen, wie es in Zimmer Nr. 4a aussieht und was man dort lernen konnte. Giuseppe antwortete ihm, dass er dies erst auf der Erde von einem Mädchen namens Feli erfahren würde*. Solang müsste er sich schon noch gedulden. „Feli", dachte Matze, „ein komischer Name." Mehr Zeit hatte er aber nicht, um sich weiter damit zu beschäftigen, denn schon im nächsten Augenblick betrat Matze das Zimmer Nr. 5. Dieses war ganz weiß und golden und so strahlend, wie Schlagsahne mit Christbaumkugeln im Sonnenschein. Plötzlich bemerkte Matze, dass er nicht alleine war. **Hundertzweidreitausend** kleine Engel kicherten und sangen und flogen mit einem Mordstempo um Matze herum. Da fiel Matze auf, dass die Engel ganz gezielt um ihn kreisten und mit einem fast durchsichtigen Faden eine Hülle um seinen Seelenkörper knüpften. Eine Schutzhülle! Matzes Seele bekam eine Schutzhülle, damit das Allerwichtigste, das, was Dich und mich ausmacht, das, was niemals verletzt werden kann und was niemals sterben kann, – Deine Seele – ganz gut für das Leben auf der Erde geschützt ist. Diese Schutzhülle nennt man auf der Erde Körper. Und so bekam Matze in Zimmer Nr. 5 einen Körper.

*Wenn Du schon jetzt wissen möchtest, was man in Zimmer Nr. 4a erleben kann, dreh das Buch einfach um und schau nach!

Als Matze wieder vor Giuseppe stand, war dieser ganz gerührt, weil er nämlich fand, dass er, wie alle seine Seelenkinder, so schön und so einzigartig war. Matze war nun mit allem ausgerüstet, was er für das Leben auf der Erde brauchte. Er hatte alle seine Schutzpunkte, die er unter seinem Körper auf seiner Seele trug – also konnte es jetzt endlich losgehen. **DOCH HALT! Eine ganz wichtige Sache** fehlte Matze doch noch: Giuseppe legte Matze seinen Zeigefinger ganz leicht **SENKRECHT**

unter die Nase. Auf die Stelle zwischen Nase und Oberlippe. Als er seinen Finger wieder wegnahm, hatte Matze an dieser Stelle eine ganz kleine längliche Vertiefung. Den Fingerabdruck von Giuseppe. Alle Kinder, auch die erwachsenen Kinder, haben diesen Fingerabdruck von ihrem ganz persönlichen Engel aus dem Land über dem Regenbogen. Schau Dich ruhig um und fühl einmal selber zwischen Deiner Nase und Deinem Mund. Es ist der Fingerabdruck von Deinem Schutzengel.

18

So, nun war es aber endgültig so weit. Matze musste sich beeilen, sonst kam er noch zu spät auf die Welt. Zu seinem Abschied waren alle gekommen. Jede Menge Feen, Elfen, Zwerge und Wichtel. Alle drängten sich um das alte Holzhaus, denn von dort aus gingen ja die Regenbogenrutsche und Matzes Fahrt auf die Erde los. Die Zwerge holten ihre weiß-rot gepunkteten Taschentücher aus ihren Taschen, denn sie mussten bei jedem Abschied immer ein ganz wenig weinen. Das taten sie aber gerne, weil sie sich dann mit ihren schicken Taschentüchern in einer ohrenbetäubenden Lautstärke die Nase putzen konnten. Und das   machte ihnen einen **riesigen** Spaß. Alle anderen warfen Konfetti und ließen Luftballons steigen und freuten sich für Matze, der das Land der Kinderseelen nun verließ. Denn alle wussten, dass sie ihn irgendwann, wenn Matzes Zeit auf der Erde zu Ende gehen würde, nach einem ganzen langen Leben, wiedersehen würden.

Matze drehte sich noch einmal zu Giuseppe um und drückte ihn ganz fest. Giuseppe legte sacht einen Flügel um ihn, und wie jedes Mal lief auch ihm eine kleine Träne über die Wange – aber nur eine.

„**NUN ABER LOS**", brummte er mit seiner tiefen Stimme.

Matze drehte sich um und schwups rutschte er laut lachend über die goldene Rutsche und weiter über den Regenbogen auf die Erde, wo er bereits erwartet wurde.

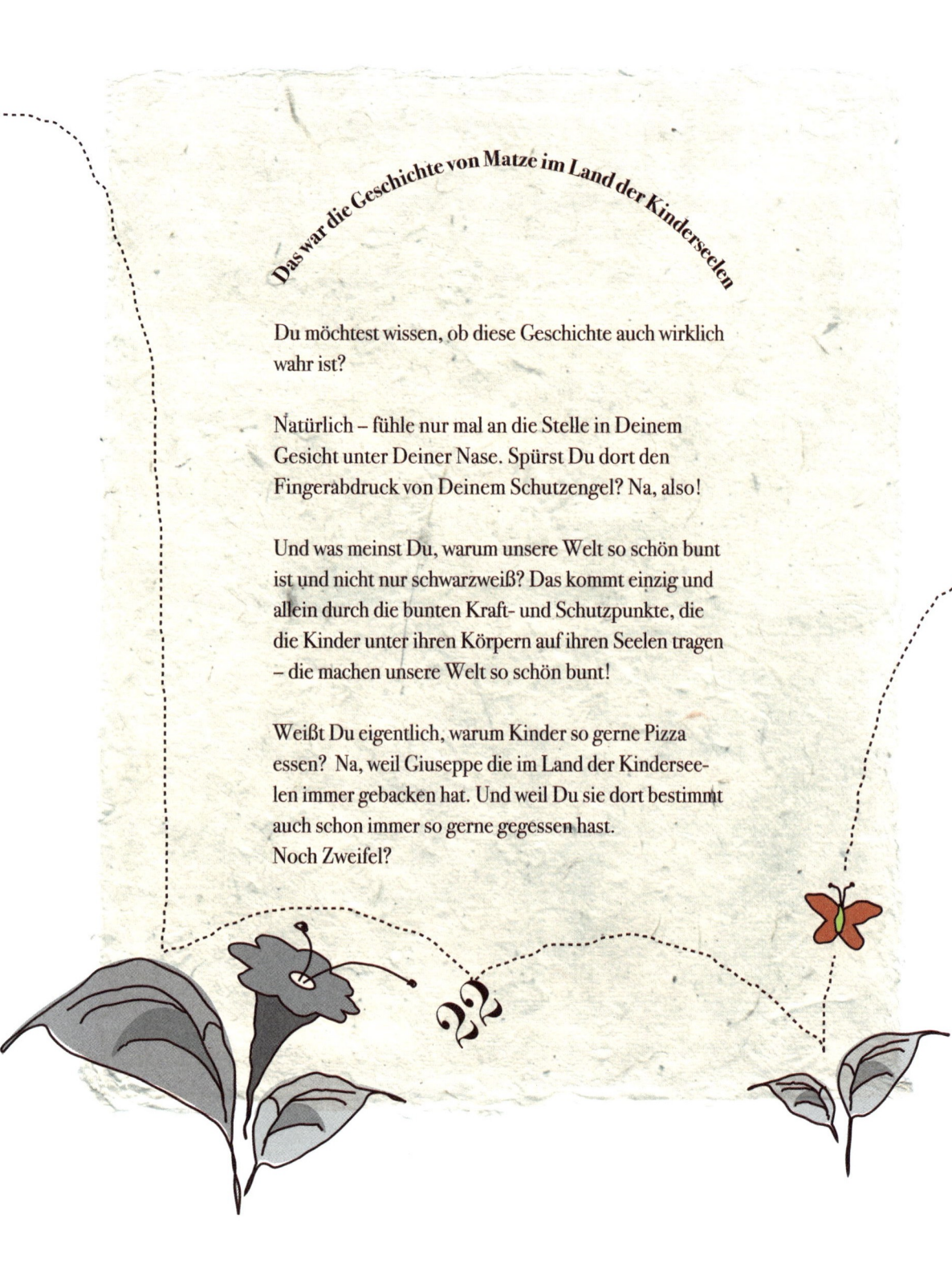

Das war die Geschichte von Matze im Land der Kinderseelen

Du möchtest wissen, ob diese Geschichte auch wirklich wahr ist?

Natürlich – fühle nur mal an die Stelle in Deinem Gesicht unter Deiner Nase. Spürst Du dort den Fingerabdruck von Deinem Schutzengel? Na, also!

Und was meinst Du, warum unsere Welt so schön bunt ist und nicht nur schwarzweiß? Das kommt einzig und allein durch die bunten Kraft- und Schutzpunkte, die die Kinder unter ihren Körpern auf ihren Seelen tragen – die machen unsere Welt so schön bunt!

Weißt Du eigentlich, warum Kinder so gerne Pizza essen? Na, weil Giuseppe die im Land der Kinderseelen immer gebacken hat. Und weil Du sie dort bestimmt auch schon immer so gerne gegessen hast.
Noch Zweifel?

Zum Schluss möchte ich Dir noch etwas sehr Wichtiges verraten.

Manchmal ist es auf der Erde so, dass Menschen, die wir sehr gerne haben, Kinder oder auch Erwachsene, sterben. Das tut dann ziemlich weh innen drin und es macht uns sehr traurig. Hier auf der Erde sind die Menschen ganz traurig. Aber im Land der Kinderseelen ist man überhaupt nicht traurig. Denn dort warten Giuseppe oder sein Bruder Giovanni, um die Seele, die beim Sterben wieder frei wird, abzuholen und sie wieder in das Land über dem Regenbogen zu begleiten. Auf der Erde bleibt nur die Hülle von dem Menschen zurück, die von Zimmer Nr. 5, Du weißt schon. Aber die Seelen, die gehen alle zurück – in das Land der Kinderseelen. Und wenn sie dann wieder Lust und all ihre Schutz- und Kraftpunkte aufgefüllt haben, dann rutschen sie erneut über den Regenbogen auf die Erde. So beginnt der Kreislauf des Lebens von Neuem.

So, nun ist aber endgültig Schluss.

Nun schlaf gut, raus mit Dir an die frische Luft oder was auch immer.

Ach ja, beinahe hätte ich es vergessen. Ich soll Dich noch ganz lieb von Giuseppe aus dem Land über dem Regenbogen grüßen.